예지 시조집

魂을 담은 시조 향기

심애경 지음

청옥

시인의 말

본 시조집은 파격으로 가는 길을 막고 3장 6구 12음보 43자의 정형시 단시조를 고집으로 구성되는 시형이다.

형식은 지키되 내용이 현대적인 것을 추구한다.

정형시를 사랑하고 쓰고 배우며 시조 보급에 사명감을 가지며 꽃이 지는 순간까지 가슴에서 용솟음치는 심장을 남김없이 표출해내고 싶다.

이 세상 모든 만물은 어미라는 이름으로 시작된다.

아마도 그것은 부모는 영원한 나의 고향이자 내가 떨쳐낼 수 없는 향수이기 때문일 것이다.

오월 보은의 달을 맞아 평범해 보이지만 이 세상 가장 아름다운 어버이의 이름을 부르는 시 한 편을 골랐다.

아버지

짓누른 삶의 무게
내리고 가신 임아

밤이면 가슴 찢는
소쩍새 울음소리

목 놓아
불러 보아도
메아리만 울린다

2018년 5월 예지 심애경 올림

차 례

1부

2부

3부

4부

5부

6부

7부

8부

9부

10부

1부

보은의 달

향불로 마음 씻듯
허물 다 벗는 소리

찬란한 빛을 내며
오월의 환생이여

살며시
설렘 한가득
그려보는 내 마음

가슴앓이

밤마다
파고드는
곪아든 상처 뿌리

애가 타
떼러 해도
뻗어난 이 괴로움

동굴 속
몸부림치며
깊은 늪을 헤메네.

가을밤

낙엽 진 저 골짜기에
둥근달 걸어두고

귀뚜리 벗 삼아서
연주회 열어보니

풀벌레
날개 비비며
바이올린 울린다.

가을 연가

청명한

맑은 하늘

구름을 붓 삼아서

화폭에

점을 찍어

*돋을 볕 그렸구나

황금녘

가을빛으로

금수강산 태운다

* 돋을 볕-처음으로 솟아오르는 햇볕.

강원도 산사(templestay) _ 1

고운 님 발걸음에

고즈넉이 참선參禪하여

낙산사 저 홍련암

법신의 관음 미소

참진리

참회懺悔기도 송

*광명 운대 안긴다

* 광명 운대: 진실의 말

강원도 산사(templestay) _ 2

저 하늘에
도는 백운
고운 뫼 감싸주어

오가는
인연 모아
백팔배 정성 기도

온 업보에
재잘거림이
소원성취 이룬다

겨울 꽃

모롱이 남쪽 뜨락
속까지 푸른 배추

찬바람 몰아치니
속까지 노란 모습

한밤중
폭설에 덮여
아침햇살 그립다

개나리

노오란
작은 별들
바람에 실어놓고

울타리
걸터앉아
웃으며 합창한다

짧은 생
봄 향기 날리니
새 이파리 돋는다

고통苦痛

긴 세월 살면서도
바람 얼굴 못 보고

아롱진 한 줌의 꿈
움켜쥐고 달린 인생

별들이
눈총 줄 때도
깨닫지도 못했네

김밥

향긋한

김을 놓고

탐스러운 밥을 편다

어둠 속

동굴 나라

무지개 띄워놓고

작은 섬

바다와 육지가

예쁘게도 담겨있다

그리움

밤마다 그린 흔적
달빛을 걸어두고

솔바람 벗 삼아서
연주회 열어본다

산새도
떠난 빈자리
겨울 홀로 외로움.

기억 소리

사유思惟를 풀어내듯
지혜는 피어나고

무지개 고운 빛깔
한생을 담아본다

가슴속
찾아든 연정
회상 속의 시간들.

2부

고독

한 움큼 봄 햇살도
챙겨둘 가슴 없어

빈 뜨락 홀로 서서
옷섶을 적시었네

지나간
그리움 토막
밤새도록 썰고 있다

아버지

짓누른
삶의 무게
내리고 가신 임아

밤이면
가슴 찢는
소쩍새 울음소리

목 놓아
불러 보아도
메아리만 울린다

고향

모정이 서린 고향
탯줄을 묻어두고

내 살던 오막살이
흔적 없이 사라졌네

정다운
고향 하늘만
변함없이 푸르다

꽃샘추위

개나리
피어올라
모퉁이 돌아서니

뿔 세워
달려드는
소 떼 같은 바람에

봄맞아
풀어놓은 목도리
다시 목에 걸치네.

나그네

쌀쌀한 늦가을에
억새만 무성하고

홀씨의 실바람에
이별한 붉은 낙엽

고운 빛
색동옷 입고
정처 없이 떠난다

낙동강을 바라보며

하루해
문을 닫고
가슴속 흐른 줄기

물 위의
비친 모습
제 모습 초라해도

노을 진
고당봉姑當峯 아래
또 한 꿈을 펼친다

넋魂

환하게 웃던 거울
거미집 층을 짓고

바람 같은 구름 인생
사진 한 장 남겨놓고

하늘로
돌아갔던 혼
여비 없어 매달린 날

눈雪

꽃송이
하얀 세상
알몸으로 누운 자리

소리 없이
기쁨 주고
허물 벗듯 사라진다

내 인생
숯이 된 속내
눈물 되어 흐르네

노송老松

해풍에 허리 휘고
한파가 몰아쳐도

살아온 모진 상처
잎으로 가려

늘 푸른
조선 소나무
홀로 서서 계신

노인정

호르듯
펼쳐지듯
꽃망울 하얀 눈이

겨울 산
능신 덮여
갈 곳 잃은 노인 신세

사랑방
구들장에서
옛이야기 뜨거워

늙음

수많은 흔적으로
검게 탄 주름 훈장

세월 속 새겨 놓은
관절통 골다공증

저리는
눈물 젖은 통증
꽂고 사는 수지침

능소화

능선 위 걸린 달빛
담장에 펼쳐 놓아

저 화백 혼을 담은
주홍빛 붓놀림에

애닲은
임의 향기가
등불 속에 퍼진다.

3부

문학 도반

수많은 인연 속에
모래알 쌓은 연정

연이어 혼을 담아
푸른 꿈 펼쳐보며

옛 향기
숨은 발효 맛
시조문학 꽃핀다

동백꽃

한파에
못 잊은 정
눈 속에 피는 사랑

앙다문
붉은 입술
흰 웃음 가득 물고

외로운
진홍빛 치마
향기 품는 겨울꽃

돌산

인간의 탐욕으로
병든 숲 무너진 산

맑은 혼 금수강산
찾을 곳 없는 마을

정든 산
*적대봉 아래
하품하는 집 한 채

* 적대봉: 고흥군 금산리 산

동장군冬將軍

한겨울
칼바람에
외로움 파고들어

헐벗은
달동네 실
동장군 요동친다

루돌프
빨간 사슴코
자선냄비 생각나

만남

하얀 꽃 밝은 웃음
살며시 내미는 맘

향긋한 인연으로
오늘을 손을 잡고

반기는
그리운 얼굴
한량없이 정겹네.

목련

봄 햇살
내려앉아
뜨락에 불 밝히고

사월의
새색시는
옷고름 풀어놓고

부부 연
희망 싣고서
신혼여행 떠났다

무술년戊戌年

신년의 새해맞이
황구가 울부짖고

새 아침 두 팔 벌려
받아 본 황금 불꽃

한 해의
첫 발걸음과
소원성취 이룬다

무척산無寂山

시냇물
흐름 따라
그 맑음 비춰내고

바윗돌
이름 없이
그 곧음 드러날 제

무척산
들어선 계곡退溪
큰 바위를 심었네.

미타 선원

고운 님 발걸음에
법당에 모인 인연

백팔배 지극정성
고즈넉이 참선參禪하여

업業 보에
참회 진언 송
소원성취 이룬다

통도사 동백

삼월의
끝자락에
봄바람 울음소리

눈시울
붉어지어
피멍 진 꽃봉오리

한 묶음
쓰러진 채로
극락왕생 기린다

부산항

어둠을 뚫고 나온
어줍은 새벽 여명

뱃머리 후려치는
어부의 만선의 돛

갯가의
뱃고동 소리
메아리만 울리네

구절초

애절한 정성 담아
구층탑 쌓아 올려

어머니 마음 닮은
꽃송이 터트리니

저무는 가을 들녘에
너만 한 꽃 없어라

4부

움직이는 조각

과학이 살아있어
인형도 춤을 춘다

갓난 애 침상에는
해맑은 몸짓 운동

푸른 꿈
날개를 달아
옹알이가 뜨겁다

마음 1

진흙에

뒹굴어도

연꽃 향 맑은 미소

그물도

설림 없는

바람 같은 인생살이

비워도

가득 찬 것을

빈 가슴이 말하네

마음 2

기쁠 때 온 세계와
바다를 포옹하듯

슬플 때 뿌린 눈물
세월 속 핀 물보라

인간사
일체유심조
변화무상變化無常 하구나

모정

긴 한숨
흔적으로
주름진 삶의 무게

스쳐간
세월 속의
거치른 손끝 마디

어머니
소리쳐 봐도
메아리만 울린다

마을 풍경

쟁기질 농촌 일터
하루해 즈려밟고

대지를 긁어내어
씨름하는 달구지

잘 익은
풍성한 볏 집
땀이 베인 쌀가마

밤

밤거리
조명으로
화려한 색조 화장

화등에
그린 얼굴
달빛만 내려앉아

고요한
새벽 적막감
바람결의 속삭임

방향

별 따다 수를 놓아
황금빛 가을 풍광風光

휘파람 리듬 따라
갈대도 춤을 춘다

해와 달
술래놀이에
끝이 없는 그림자

버들강아지

개울가
물소리에
갯버들 눈을 뜨니

삭풍이
매몰차게
할퀴고 지난 자리

봄 햇살
따뜻하지만
털 모자가 필요해

법신 꽃

산사의 넓은 마당
고즈넉한 기도 소리

오월의 모란꽃이
법신에 환한 미소

부처님 자비 도량에
광명 운대光明雲臺 보았네

도반道伴

법형제*

인연 따라

한마음 합장하고

기도로

번뇌 망상

향불에 마음 씻고

지혜의

깨달음으로

반야 문이 열린다

* 법형제: 불교 도반

비움

몸뚱이 고달프니
명약이 보약이라

마음이 허약하면
고칠 길 처량하니

세월의
청천벽력을
하심下心으로 비우자

모란

겹겹이 저민 마음
검붉게 토해 놓고

설레는 나비사랑
행여나 오시려나

향기도
벗어 버리고
묵언수행 하누나

5부

바느질

장농 속 봄옷 모아
바늘이 실을 물고

저 기억 세월 속을
한 땀씩 이어 간다

내 삶 속
부딪친 흔적
마디 마디 꿰맨다

바다

일출의
붉은 가슴
온몸으로 던져놓고

맑은 빛
흐르는 듯
은하에 누웠더라

바다의
깊고 넓은 속
여여하니 행복이

배꼽시계

흰밥은 대낮처럼
미소에 하얀 속살

검은 김 암흑세계
어둠 속 동굴이다

요동친
배꼽시계는
바다와 육지 한 입에.

봄비

먹구름
빗질하여
풀잎에 건반 치고

목마른
대 자연은
고목도 춤을 춘다

뜨락에
생명의 새싹
가지마다 눈뜬다

벚꽃

산 능선 타고 넘는
노을 진 빈 거리에

별빛이 수를 놓아
걸어둔 가지마다

설레는
흰 꽃 등불에
웃음꽃이 감돈다

부부夫婦

백 년 해
언약하고
다독여 심은 연정

부부의
인연 맺이
한 몸에 젖어 산다

백년초
푸른 동반자
생명의 눈 빛나네

백두산

역사의 능선 타고
천지를 품어보니

민족의 정기 서린
북처럼 울린 슬픔

가져갈
재간도 없고
아름다운 자연뿐

백치의 삶

우연히
날아왔네
눈 없는 씨앗 한 톨

구름이
흘러가듯
몸 기대 산다 한들

세월에
어긋난 뼈 사이
쇠 바늘만 자란다

불심회 도반道伴

세상의 백팔번뇌
업보는 다르지만

같은 맘 어우러져
복덕은 춤을 춘다

하심은
일체유심조
연꽃으로 피었다

뿌리

실뿌리
땅 다투어
얽히고설킨 사연

한 기둥
못을 박아
줄기차게 뻗은 근성

한 평생
살을 맛 대고
둥글둥글 살리라

사월을 보내며

시간은 무표정에
계절을 밟고 서니

꽃향기 깨끔 발에
인기척 다녀가네

걸음을
멈추어 서서
돌아보는 내 마음

백매 白梅

밤마다 근심 걱정
얼마나 삼켰길래

꽃잎도 달빛 스며
백매로 피었구나

세상사 어지러워도
홀로 순백이어라

6부

사랑

꿈인 듯 가슴 저린
연정이 찾아들어

그리움 스멀스멀
뜬눈에 밤은 깊고

사랑은
뜨거운 불꽃
백열등에 익는다

새싹

봄 햇살
이불 삼아
포근히 잠든 대지

빗방울
부딪히며
두들겨 잠 깨우니

파릇한
웃음 지으며
돋아나는 꼬물이

삶

살아온 지난 세월
후회도 부질없고

추억은 필름 돌 듯
한 편의 영화로다

생존의
바쁜 몸부림
그칠 줄을 모른다

사랑 _ 2

벚꽃 잎
피고 지는
아련한 허공 속에

흩어진
푸른 추억
하나둘 떠오른다

하얗게
휘날린 꽃잎
그대 향한 그리움

석탑石塔

골 깊레 쌓인 탐욕
고즈넉 참선參禪하니

저 업장 남은 공덕
소멸 탑 길 잡이되

생전의
청정한 모습
그 자리에 섰구나

설날

설날 아침
둘러앉아
나이 한 살 뜬 숟가락

차례상 떡국 놓고
희망 속 꽃은 핀다

세뱃돈
덕담 한마디
가족 모두 정든다

소멸消滅

아궁이 장작불로
한겨울 녹아내고

속마음 다독여서
눈물을 거두시니

과거 생
업장소멸은
수증기로 날렸다

슬픔

눈빛의
화려함도
찰나의 숨소리가

순백의
바람 속에
옷깃을 부여잡고

한없이
깊은 물줄기
속울음을 훔친다

시계時計

긴 걸음 짧은 걸음
쉼 없이 가는 인생

한 치의 오차 없이
새날을 가늠하네

세월 속
절기節氣는 흘러
낙엽 지고 잎이 핀다

회상

노을이
누운 강에
추억은 피어나고

물 위에
버들가지
옛 기억 쓸어 담아

지나온
청춘의 꿈은
가슴으로 흐른다

시조집

한 알의 씨앗 일어
희망의 등불 되네

무언의 깊은 마음
이보다 더 큰 보물

시조집
출판 기념회
시집보낸 어미 맘

세월

긴 세월
서성이다
얼룩진 시린 상처

평생을
기다리다
낙엽 된 거름 더미

계절은
소리도 없이
또 그렇게 움튼다

7부

새해

지나온 세월 속에
꽃 햇살 피어올라

바람은 구름 일어
한 해의 종은 울고

내 마음
다독여 보니
동녘 하늘 밝았네

사월의 계획

달력을
한 장 넘겨
사월의 눈도장은

섬 하나
품고 사는
설렘의 시작이다

지구를
움켜잡는 꿈
주먹 같은 둥근 힘

사월에는

아롱진 햇살 한 줌
움켜쥐고 들어서서

사월의 봄 동산에
문 활짝 열어본다

내 뜨락
중년의 마음
털어내는 웃음들.

소원 단지

새벽녘
맑은 정기
보름달 바라보며

정화수
이둠 가득
어머니 두 손 모아

기도로
자식 걱정에
가슴으로 우는 소리.

시래기

새끼줄 의지 삼아
눈보라 이겨내고

얼은 몸 가마솥에
봄 오듯 풀어지니

울 엄니
시래기 맛에
동장군도 녹인다

새벽

이슬에
젖은 풀잎
붉은 닭 목이 트고

스쳐간
밤 사연들
제자리에 앉혀 놓고

주마등
아쉬운 꿈속
소슬바람 스친다

새싹

탯줄을 끊어놓은
아가의 여린 숨결

지구가 열려있고
호흡에 잎이 난다

봄 햇살
따뜻한 어미의
품속 같은 포근함

어버이날

봄 햇살
안부 묻는
자식들 속 깊은 날

밤새워
소리 없이
베게 섶 적신 마음

잠보다
무거운 눈썹
허공 속의 그리움.

이별

윤회 속 떠난 사랑
뉘 없이 애타지만

하나둘 흩어지니
앙상한 빈 가지뿐

이제는
기억 저편의
슬픈 이별 소리만

인생人生

밤하늘
별들만큼
사연 속 그리움들

세월의
상념들로
등짐이 휘어져도

삶이란
고난의 연속
헤쳐 가는 큰 기쁨

옛사랑

추억이 아픔 되어
구곡간장 저미고

그리움 썰물 되어
두 눈을 적시는데

기다림
멍든 가슴에
망부석이 되었네

평화 _ 1

압록강 물결일 듯
남과 북 두 손잡아

인내의 등불 피워
심장도 들뜬 자리

통일 꽃
피어오른 날
자비로운 온 누리

8부

어머니

묻어둔 모진 가난
뼛속에 새겨두고

남몰래 아린 마음
상처만 붉게 탄다

인생길
헤매는 역풍
자식 위한 환한 빛

아버지

사는 법
용트림에
잔뿌리 늘어지고

촉촉이
젖은 두 눈
노을 꽃 피어난다

봉양할
임은 떠나서
눈물 담는 자식들

어머니의 삶

사랑을 속삭이듯
바늘에 실을 물고

각인된 세월 속에
한 땀씩 이어 간다

삶 속에
부딪친 흔적
처방하듯 꿰맨다

어머니 _ 2

세월의
흔적들을
주름살로 도배하고

머리의
하얀 서리
휘어진 허리 등골

어머니
불러만 봐도
목이 메어 눈물만.

어머니 _ 3

어두움 속에서도
촛불을 밝혀내듯

평생을 두 어깨에
지고 온 삶의 무게

벗 삼는
지팡이 하나로
외딴집만 지킨다

오해

입술의
흔적들로
변명 법 커져가고

네 속이
훤히 보여
온몸으로 버티거늘

무심한
말 한마디가
가슴속에 피어난다.

우울증

못 견딜 저 그리움
찾아와 슬픈 인생

사는 일 외로워서
별처럼 박힌 자리

말로는
표현 못 하니
울부짖는 속마음

우정

죽마 탄
옛 벗이여
죽백의 공명이여

저 세월
발돋움해
푸른 꿈 펼치던 맘

책 한 권
상우 천고를
읊조리던 붉은 날

인연

밭고랑 사잇길에
내 마음 심어보니

그 길에 올망졸망
새순이 올라온다

만남은
사랑의 향기
빈 가슴에 담는다

여백餘白

백지를
펼쳐놓아
미완성 바람 일고

하늘땅
숨어있는
화려한 이야기들

빈 공간
스친 얼굴들
그리움을 채운다

옛집

땅끝을 휘어감아
돌아선 내동리 길

오 남매 탯줄 끊고
푸른 꿈 먹고 익은

추억은
그리움 조각
필름 속을 줍는다

차茶

연녹색 저 숲속에
하늘과 한 몸 되어

여름 낮 햇살 틀어
맑은 향 우려내어

찻잔 속
마음 굴리니
번뇌 망상 사라짐

9부

온천

절경을 빗질하여
맑은 물 능선 엮어

과거로 쌓인 속내
녹여준 온탕 열기

여독旅毒이
구름같이 풀려
하늘같은 맑은 몸

장미

가슴을
찔러대는
꽃방석 앉았어도

아찔한
진율 속의
숨결은 뜨거워라

사랑에
휘감겨 도는
가시 돋친 미로迷路속

* 향기가 있는 꽃은 가시 돋친 나무에 핀다

정유년을 보내며

미련도 후회 없이
떠나는 이별 앞에

인생의 또 한 고개
잡을 수 없는 시간

닭 목을
잡고 있어도
또 한 해는 떠난다

죽마고우

낙엽 진
골짜기에
내자란 고향 산천

소꿉놀이
함께하던
내 동무 그리워라

부산항
수평선 위에
그대 이름 띄운다

징검다리

돌다리 건널 적에
눈물 꽃 얽힌 사연

길 잃은 물안개와
하얀 밤 꼬박 새워

외로운
겨울 나그네
가는 길을 잃었다

짝사랑

임 향한

일편단심

내안에 가득하여

사랑이

피어난 건

막을 수가 없어라

별 하나

가슴에 박혀

못이 되어 아린 몸

첫눈

뜻밖의 신의 선물
온 세상 눈길 꽃밭

두꺼운 솜 이불 위
첫사랑의 하얀 속살

그리운
임의 그림자
흔적 없는 그리움

청개구리

먹구름
하늘 덮자
눈물을 앞세우고

소나기
쏟아지자
목 놓아 우는구나

미물인
청개구리도
부모 생각 그립다

춘우春雨

하늘의 먹구름은
어둠을 무너뜨려

한파에 짓눌렸던
푸른 잎 젖줄 트여

어린 싹
눈 다칠세라
보슬보슬 내리네

평화 _ 2

찬란한
네온사인
그리움 물결치고

별빛에
취해보고
어둠을 마셔본다

사랑빛
피어오른 날
자비로운 온 누리

10부

해남 바지락

썰물에 두어 시간
지는 해 잡아놓고

저 갯벌 사랑 찾아
나비 별* 캐어 담네

울 엄니
한 평생 세월
밥상 위에 된장국

* 나비 별: 바지락

추억

세월 속
새겨 놓은
흔적의 발자국은

묻어둔
고향집에
추억은 찾아들어

설레는
새벽 달빛에
별과 함께 취한다

풍경

해 질 녘 가을 노을
조금씩 잘라내어

단풍잎 만들어서
화폭에 걸어놓아

달님도
화등에 불 밝혀
사랑을 물들인다

한나절

양지 녘
햇살 아래
봄철의 손발 놀림

휴일의
교통체증
신호등만 원망하고

숨 가쁜
오늘 하루는
토막 내는 삶이다

할미꽃

봄꽃 향 고즈넉한
뜨락에 웃음소리

백발에 굽은 허리
모두가 동기 동창

그들이
주고받는 말
바람결에 전한다

해송

암벽에
걸터앉아
물살이 휘감을 때

가슴속
치는 파도
긴 한숨 몰아쉬며

섬 하나
품고 사는 속내
썰물 따라 흘러라

흔들바위

구름 문 열어보니
산 중턱 머리 이고

무명의 삿갓 쓰고
계곡에 걸쳐 앉아

한세월
누드 차림에
큰 바위가 춤춘다

환희

봄 햇살
찾아오듯
설렘의 사랑 타령

신떨음*
사는 인생
사랑은 귀한 보석

속 마음
활짝 열어줘
내 마음도 두둥실

* 신떨음: 신이 나는 데로 실컷 함

희망

지나던 드센 바람
창문 틈 울어대고

달빛은 기울어져
새벽을 알려 주네

파란 꿈
가득한 하늘
비행하는 날갯짓

홍시

주홍색 품속에다
내 사랑 가득 담아

찬 서리 모진 시련
참으며 익었다가

첫사랑 찾아오는 날
입안에서 녹으리

魂을 담은 시조 향기

한겨레 얼을 담아
아리랑 이어온 길

굴곡진 인생살이
영원을 빗질하여

맑은 혼
항아리 빚듯
울림 주는 時調 香

해 설

단아하고 섬세한 서정의 단형미학

– 예지 심애경의 시세계

최영구 [시인, 문학박사]

시조는 정형미학이다. 단수미학, 단형미학이라 일컫는 것도 시조의 정형성을 강조하거나 염두에 두고 하는 말이다. 그런 시조가 갖는 정형미학의 멋과 정서는 현대시가 흉내 낼 수 없는 미적 특성이기도 하다. 예지 심애경 시인도 그런 시조의 멋에 매료된 듯하다.

하지만 얼핏 보면 시조의 정형은 현대성을 담아내기에는 한계가 있어 보인다. 하지만 우리는 섣불리 그게 시조미학의 한계라 주장할 수 없다. 왜냐하면 요즘 많은 시조시인들은 시조가 갖는 정형성의 한계를 알고, 적극 시조에 현대적 정서나 시대정신을 담아내려 노력해, 내용면에서 시조가 갖는 정형성의 한계를 극복해 보여주기 때문이다.

또한 현대 시조시인들이 시조를 고집하는 것은 우리 전통적 시조의 정형미학이 갖는 질서의 미, 조화의 미,

절제의 미를 소중히 여기고 지키기 위함일 것이다. 그러므로 우리는 선불리 시조시인들에게 현대성을 적극 도입하라고 요청할 수가 없다.

사실 시조에서의 정형 율은 율격이 행만 아니라 행과 행의 통일성까지 관여하고 있다. 범위를 넓혀 살핀다면 그 상층 수준에 놓인 모든 규범 율문 역시 행들 사이의 통일성까지 관여하고 있음을 알 수 있다. 시조는 율격이 작품 전체에 대하여 지배적인 관여 현상을 보여주는 경우이다. 그런 의미에서 시조의 율격은 미적 특성의 중심적 요소라 하겠다.

사실 시조가 갖는 그런 정형성, 곧 음절 율은 우리 정신의 소산인 언어가 갖는 특성이기도 하다. 이를테면 우리 언어는 체언에 조사가 결합하거나 용언의 어간에 어미가 더해지면 3음절 4음절이 되는 경우가 대부분이다. 우리 선인들은 우리 언어의 그런 특성인 3, 4조의 음절 율을 시조에 적용해 우리 시조의 고유한 율격을 창조해 내고, 3,4조의 음절 율이 감성적 인식이나 미적 인식에 가장 인상적이며 이상적인 율격이란 점을 깨닫고 계속 계승하게 된다. 그처럼 선인들의 유산인 3/4, 5 율격은 우리 언어가 갖는 특성일 뿐만 아니라 전통적으로 계승되어 온 선험적 율격의 골격이다. 그러므로 시조시인들은 그런 시조의 고유한 전통적 정형성과 개성을 중시하고 창조적으로 계승하고 지켜오는 것이다.

예지 심애경 시인의 작품들을 살펴보면 예지 심애경 시조시인 역시 우리의 전통언어예술인 시조를 지키고자 노력하는 시인이면서, 시조의 정형 율을 매우 중시하는 시인인 듯하다. 예지 심애경 시집 『魂이 담긴 시조의 향기』에 실린 거의 대부분이 단형시조의 형식과 율격을 그대로 계승하고 있는 것을 보면 그러하다. 그러면서도 한편으로 그의 시조의 내용들을 보면 정형성에 현대적 서정을 입히고 담아내기 위해 노력한 흔적도 역역하다.

한편으로 우리 시조는 정형언어예술로 주목할 만한 형식미를 지닌 운문문학의 한 장르적 특성과 개성을 지녔음에도 불구하고 수세기 동안 세계의 문학과 경쟁하지 못했고 주목받지 못했다. 그 이유는 매개인 언어에 있는 듯하다. 시조도 언어예술이다. 언어의 미감 역시 율격과 더불어 매우 중요한 요소이다. 과거 우리 시조의 작가들은 양반 관료 등 사회 지배계층이 대부분이었다. 당시의 사회는 성리학을 중심 이념으로 삼았다. 그런 연유로 그들은 성리학의 관념이나 윤리, 관습적 언어에 매달려 시조의 문학성에 한계를 보이게 된다. 하지만 점차 다양한 계층에서 시조를 창작하고 향유하게 되면서 감성적 인식과 언어에 대해 관심을 보인다. 그런 관심들이 언어와 시조미학의 변화를 주도하게 된다.

문학적 언어의 경이로움은 언어의 내적 관계에 의해서 창조되는 언어로, 감성이나 창조적 상상력에 의해서만 가능한 언어이다. 시인에게 일련의 과정에서 꼭 필요한 일은 일상적 언어의 관습적 장력에서 벗어나, 언어를 자유롭게 이끌고 자유자재로 활용할 수 있게 되어야 한다는 점이다.

예지 심애경 시인은 그런 문학적 언어의 미적 특성을 간과하지 않고, 현대시가 보여주는 언어와 서정성에 관심을 보여, 그의 시조에 적용하려 노력한 흔적이 역역하다. 그의 시조가 현대적 서정에 한발 다가서는 미적 성취를 보여주는 것도 그의 시조에서 보여주는 그런 언어의 특성과 서정성의 성취에 있다. 그리고 그의 시조에 대한 애착과 관심은 그의 시조집 표제의 시에 잘 드러난다.

물론 예지 심애경 시인뿐만 아니라 대부분의 현대 시조시인들도 시조의 단아한 율격미를 지켜내면서도 언어예술로서의 현대성을 성취해내는 것은, 그런 언어의 변화에서, 현대시조의 미학을 성취한다는 점에 있다.

한겨레 얼을 담아
아리랑 이어온 길

굴곡진 인생살이
영원을 빗질하여

맑은 혼
항아리 빚듯
울림 주는 時調 香

―「魂을 담은 시조 향기」 전문

위의 시는 표제 시로 보통 시집에서 작가가 앞세우는 '시인의 말'에 해당하는 시라 할 수 있다. 일반 저서에서 서문에 해당하는 시라고나 할까. 위의 시에서 우리는 그가 왜 시조에 집착하는 지, 왜 그가 시조 창작에 매달리는지를 이해할 수 있다. 즉 그의 시조 사랑의 고백록이다.

시인의 의식과 지각에서 출발한 시적 감성과 직관력은 우리에게 많은 정서의 세계를 보여주게 된다. 그것은 아름다운 여러 세계로의 열림이다. 자아와 비자아의 세계를 함께 공유한 세계를 보여준다. 곧 그런 직관력과 감성이 우리에게 한 넋의 세계를 보여준다는 것, 자기 세계, 자기가 살고자 하는 세계, 자기가 살 만한 세계를 발견해 낸 한 넋을 증언하게 된다.

"맑은 혼/ 항아리 빚듯/ 울림 주는 時調 香" 종장이다. 전통적 시조 미학이 추구한 것은 단아하고 맑은 혼을 담아내는 것이요, 일탈과 부조화가 아니라 정연한 질서의 미, 조화의 미 일 것이다. 어디 그것뿐이겠는가 시조가 주는 율격의 청아한 울림은 가히 어느 시 장르도 미칠 수 없는 미적 영역 아닌가. 거기에다 겨레의 얼이 고스란히 담긴 서정은 우리 겨레의 넋을 일깨우는 구실도 한다.

그래서 예지 심애경 시인은 시조에 매달리고 집착하게 되는가 보다. 그런 점들은 또한 세계가 점차 우리 시조를 주목하게 되는 시조의 특성이기도 하다.

향불로 마음 씻듯
허물 다 벗는 소리

찬란한 빛을 내며
오월의 환생이여

살며시
설렘 한가득
그려보는 내 마음

– 「보은의 달」, 전문

오월은 모든 생명들이 왕성한 생명력으로 본격적인 성장에 드는 계절이다. 그 생명들의 생명감으로 충만한 오월을 시인은 '허물 다 벗고' '환생'하는 것이라 일컫는다. 위의 시는 그런 비유들로 오월의 시적 서정성을 획득한다.

시인들은 언어가 현실 세계를 그대로 표현할 수 있다거나 해석할 수 있다고 믿지 않는다. 그리고 눈앞의 현실 문제를 그 바닥으로부터 다시 생각해 보는 사람들인 시인들은 언어가 세계의 근원과 우주의 진실과는 거리가 먼 기호라는 걸 안다. 그런 한계를 충분히 인지하고 있는 시인들은 언어가 의미하기보다 인간이 언어를 통해 의미로 사고한다는 점과 언어가 의미를 결정하기보다 언어 체계가 의미를 형성한다는 것을 알고 한껏 이용하려 한다. 그런 시인들의 사고가 메타포나 상징과 같은 시적 수사를 활용하게 한다. '허물을 벗고' '환생'하는 오월은 시인의 그런 사고의 결과물이다.

아울러 그런 멋진 오월은 보은의 달이기도 하다. 어찌 설렘이 없겠는가. 그 설렘이란 오월이란 계절이 빚어낸 설렘이면서 가정의 달이라는 의미에서일 것이다. 소중한 가족과 가족에 대한 사랑과 가족을 생각하는 마음들이 어우러져 시적 화자를 설렘에 들게 하는 것이다.

한 움큼 봄 햇살도
챙겨둘 가슴 없어

빈 뜨락 홀로 서서
옷섶을 적시었네

지나간

그리움 토막
밤새도록 썰고 있다

－「고독」, 전문

봄은 모든 생명들이 왕성한 생명력을 키워가는 계절이다. 시적 화자는 왜 고독했을까. 위 시에서 살펴보면 그 이유가 그리움 때문이다. 왕성한 생명력은 왕성한 사색도 동반한다. 그리움도 더욱 왕성해질 것이다. 얼마나 그리움이 깊었으면 '그리움'을 '밤새도록 토막'내고 있었을까. '그리움'이란 관념어요 추상어다. 하지만 예지 심애경 시인은 절절한 그리움에 대한 정서를 '그리움 토막/ 밤새도록 썰고 있다'고 표현한다. 그래서 더욱 인상적이다.

문학의 언어는 감각적 언어, 형상적 언어이어야 한다. 감각적 형상어라는 뜻은 대상에 대한 구체적 상을 가져야 한다는 말이다. 그런 감각적 형상어들은 빛깔이나 맛, 울림이나 모양, 소리와 촉각으로 인식되게 하는 언어들을 이르는 말이다. "한 움큼 봄 햇살도 /챙겨둘 가슴 없어 // 빈 뜨락 홀로 서서/옷섶을 적시었네"와 지나간/ 그리움 토막 / 밤새도록 썰고 있다" 는 시적 표현은 감각적 언어의 한 전형을 보여 주는 예라 하겠다. 수사적 효율성은 그것뿐만이 아니다. 왕성한 생명력과 그리움에 대한 절절한 감정이 서로 상승효과를 내어 시의 정서적 미감을 더한다. 오래오래 마음에 담아 음미해 보고 싶은 인상적인 작품이다.

수많은 인연 속에
모래알 쌓은 연정

연이어 혼을 담아
푸른 꿈 펼쳐보며

옛 향기
숨은 발효 맛
시조문학 꽃핀다

– 「문학 도반」, 전문

위의 시 역시 시조에 대한 애착과 예찬을 테마로 한 시다. 연인과 '연정'에 비유된, 시조에 대한 사랑이 그런 비유로 한층 상승된다. 그리고 산문의 언어로는 성취할 수 없는 시조에 대한 애착을 감성적 언어로 보여주고 있다. 시조 시인으로 시조를 절차탁마하며 느낀 정서이리라. '옛 향기'와 '숨은 발효'의 맛이란 오랜 세월 계승되어온 시조의 고아한 율격과 그 형식미가 담아낸 청아하리만큼 고아한 시조의 멋과 맛을 비유한 시적 언어이다.

사람마다 같은 감정이라도 편차가 있게 마련이고 또 감정의 폭이 넓고 깊어서 누구에게나 공감이 갈 수 있는 섬세한 표현이 어렵게 된다. 그럴 때 시의 언어는 수사를 동원하게 된다. 그런 수사들은 시인이 자기감정을 빚은 것이지만 여러 얼굴을 하게 된다. 그래서 읽는 독자들에게 여러 얼굴로 정서적 깊이를 더하게 된다.

"옛 향기/ 숨은 발효 맛/ 시조문학 꽃핀다" 윗 시의 종장이다. 향기로운 시조 즉 시조가 갖는 전통적 멋과 맛을 살리려 애쓰는 마음과 시조의 매력을 동시에 담아낸 시적 언어 구조다.

과학이 살아있어
인형도 춤을 춘다

갓난 애 침상에는
해맑은 몸짓 운동

푸른 꿈
날개를 달은
옹알이가 뜨겁다

－「움직이는 조각」, 전문

이 시의 모티브는 모성애일 것이다. 그가 여류 작가이니 그럴 만도 하다. 흥미로운 점은 애기를 기르고 돌보는 방식도 많이 바뀌었다 점이다. 우리는 이 시에서 과거의 어머니들과는 다른 방식의 육아법을 느낄 것이다. 모빌의 움직임이 아기의 관심을 집중시키고, 아기는 그런 모빌의 운동에 따라 여러 감각이 움직이게 된다. 그래서 아기의 '해맑은 몸짓 운동' 이 이루어져 아기의 성장을 돕게 되는 것이다.

특히 이 시에서 주목할 점은 과학의 시대 육아도 시대의 영향을 받게 된다는 점과, 육아를 위한 모성애 즉 어머니의 사랑은 시대에 따라 물리적 방법은 다를 수 있어도 한결 같다는 점이다. 육아를 위해 어머니는 언제나 최선을 다한다는 것이 이 시가 시사하는 바라 할 것이다.

또 하나 우리는 이 시를 읽으면서 여류 작가인 그녀의 육아에 대한 관심과 더불어 예지 심애경 시인의 잠재된 모성애를 읽을 수 있다는 점이다. 육아에 대한 예리한 관찰과 어린 아기에 대한 사랑의 마음과 눈빛이 담겨 있는 시다. "푸른 꿈/ 날개를 달은/ 옹알이가 뜨겁다"에서 아기가 무럭무럭 성장해 가기를 기원하는 마음도 함께 담겼다. 모성애와 관련되어 있어 관심을 끄는 시다.

장농 속 봄옷 모아
바늘이 실을 물고

저 기억 세월 속을
한 땀씩 이어 간다

내 삶 속
부딪친 흔적
마디 마디 꿰맨다

–「바느질」, 전문

옷은 그 사람을 상징한다. 옷은 늘 그 옷의 주인과 함께하기 마련이다. 그래서 옷은 그 사람이 된다. 옷 한 벌은 그 옷이 낡을 때까지 그 옷을 입고 활동하는 사람과 늘 고락을 함께하게 되는 것이다.

"장롱 속 봄옷 모아/ 바늘이 실을 물고(초장)" 봄이 오면 새로 봄옷으로 갈아입어야 하는 법, 왜 하필이면 '봄'이었을까? 새로운 출발에 대한 기대와 다짐을 옷을 통해 보여주기 위함이 아닐까. "각인된 세월 속을/ 한 땀씩 이어 간다"(중장) '저 기억 세월 속을'이란 언술이 매우 묘미 있는 시적 표현이다. 하 많은 세월 봄마다 그 옷을 입었으리라. '한 땀씩 이어 간다'와도 잘 어울리는 언술이다. 바느질이 곧 세월을 꿰매는 것이기도 하다. 세월이 흐르면 모든 것은 낡게 마련인 법. 그런 세월 속의 숱한 흔적과 상헌을 바느질로 깁고 있다. 마지막 연 종장이 그걸 말해 준다. 내 삶 속/ 부딪친 흔적/ 처방하듯 꿰맨다(종장) 삶은 우리에게 많은 것을 요구한다. 편한 삶이 어디 있던가. 그래서 사람들은 흔히 삶이 모질다고 말한다. 세월이 주는 삶의 상처를 꿰매고 있는 화자의 감성적 인식이 잘 드러나고 있다.

예지 심애경의 시 「바느질」도 언술의 묘미가 돋보이는 시다.

꿈인 듯 가슴 저린
연정이 찾아들어

그리움 스멀스멀
뜬눈에 밤은 깊고

사랑도
뜨거운 불꽃
백열등에 익는다

―「사랑」, 전문

뜨거운 연정에 뜨거운 사랑, 그런 감정은 매우 인간적인 것이다. 그게 사랑의 옹알이다. 미지근하고 맹물 같은 사랑은 사랑이 아니다. 사랑은 이성이나 지성과는 거리가 먼 것이다. 온몸으로 받아들이고 온몸으로 주는, 정신과 육체가 하나가 된 사랑, 그런 사랑일수록 뜨거운 사랑, 사랑다운 사랑이다. 우리가 정말 사랑이라는 감정에 빠져 있을 때 우리는 그러한 감정을 정확히 언어로 표현하기 힘들다. "사랑도/ 뜨거운 불꽃/ 백열등에 익는다"는 언술은 화자의 사랑에 대한 열렬한 감정을 '불꽃'과 '백열등'에 빗대어 언술한다. 그게 바로 시적 언술에서 말하는 객관적 상관물이다. 마지막 연을 바꾸어 표현해 보면 이렇다. '사랑은 뜨거운 불꽃이다' '사랑이 백열등에 익는다'와 같은 표현이다. 불꽃은 자신의 에너지를 태워야 불꽃이 된다. 뜨거운 사랑일수록 더욱 헌신적인 것이 된다. 자신을 바쳐 사랑하는 아름다운 사랑, 백열등과 더불어 밤을 새우며 연정을 불태우는 사랑, 그게 진실한 사랑앓이이다. 불꽃과 백열등과 같은 객관적 상관물이 있어 독자들은 나름의 사랑과 연정을 이 시에서 음미할 수 있을 것이라 믿는다.

지나온 세월 속에
꽃 햇살 피어올라

바람은 구름 일어
한 해의 종은 울고

내 마음
다독여 보니
동녘 하늘 밝았네

-「새해」, 전문

예지 심애경의 「새해」는 삶에 대한 긍정과 새해를 맞는 밝은 마음이 담긴 시다. 한 해가 마무리 되는 시간적 종결을 '종은 울고'로 표현하고 있다. "내 마음/ 다독여 보니/ 동녘 하늘 밝았네" 새해를 맞으며 마음을 새롭게 다독이다 보니 어느 새 새해의 아침이 밝은 것이다. 새해는 늘 새로운 마음과 다짐으로 맞아야 할 것이다. "인간이 사태를 충분히 이해하는 것은 항상 때가 너무 늦었을 때라는 사실은 비극이다."(헤겔) 헤겔이 말한 비극을 피하려면 우리는 시간 속을 살아가면서 늘 자신을 되돌아보고 다짐을 하고 회의하고 반성하며 살아야 한다. 그런 반성과 다짐의 가장 적절한 시간이 새해다. 그래서 민속에서는 새해를 신일愼日이라 일컫기도 한다. 신일이란 몸을 삼가고 바르게 하는 날이라는 의미다. 새해는 한 해를 마무리하는 시간이요 새롭게 또 한 해를 시작하는 시간의 접점이다. 그리고 삶을 긍정적인 시각으로 보는 자세와 그러면서도 반성하고 새로움을 위해 다짐하고 각성하는 시간은 삶의 과정에서 매우 필요하고 소중한 것이다. 여러분의 새해는 어떤가? 이 시를 읽으면서 자신의 삶을 한 번쯤 되돌아볼 만도 하다.

묻어둔 모진 가난
뼛속에 새겨두고

남몰래 아린 마음
상처만 붉게 탄다

인생길
헤매는 역풍
자식 위한 환한 빛

– 「어머니」, 전문

모성애를 어떻게 시화할 수 있을까. 어떤 말로도 어머니의 사랑을 표현하거나 대신할 수 없다. '하해와 같다'는 말이 있긴 하지만 그런 말로도 표현을 다 할 수 없는 것이 어머니의 사랑이다. 시인에게 감정 절제는 기본이다. 시는 감정의 토로가 아니기 때문이다. 승화된 정서 그게 시의 정석이다. 그러자면 모성애에 대한 절제된 언어 구축이 필요하게 된다.

시는 자신의 생각이나 대상을 사실적으로 전달하고자 하는 언술이 아니다. 시인 자신이 가진 어떤 감정이나 생각을 느끼고 깨닫도록 의도적으로 짜내는 하나의 구조적 말하기다. 그때 시가 내용으로 삼는 감정이나 생각은 독자들의 지각을 특별히 자극하는 것이 아니면 안 된다. 러시아 형식주의자들의 말을 빌리면 '낯설게 말하기'가 된다. 낯설게 하기란, 시가 독자들이 자동화된 감수성 위에 낯선 어떤 감정이나 생각을 제공함으로써 독자들의 자동화된 감수성을 일깨워 공감에 이르게 하는 언어예술이란 의미다. 그런 감수성이란 직관에 의한 것으로 논리적 이성에 의해 개념적으로 이해되는 것이 아니라 비논리적 감수성에 의해 주관적으로 파악하는 정신현상이다. 그런 시적 언술이 곧 절제된 언어 구축에 기여하게 된다.

"묻어둔 모진 가난/뼛속에 새겨두고// 남몰래 아린 마음/ 상처만 붉게 탄다" 초장과 중장이다. 여기서 묻어둔 시간이란 어머니의 시간이다. 모성애는 온갖 자기희생에서 온다. 사랑이 자기 헌신이라고 하지만 진정 모성애에 비교될 만한 헌신적인 사랑은 없을 것이다. 어머니의 그 열렬한 사랑, 모든 걸 자식들에게 바친 어머니의 헌신, 그래도 못다 한 듯 안타까워하는 어머니의 마음, 그런 시인의 감정을 아울러 직관적으로 서정화한 언술이다. 온몸으로 부딪히며 자식을 위해 살아온 삶, 어디 그런 삶에서 얻은 것이 상처뿐이겠는가. 그래도 어머니는 못다 한 듯 애타할 것이다. '뼛속 깊이 새겨두고'란 그런 마음을 이해한 시인이 화자를 통해 회한으로 남은 어머니의 사랑을 깊이 마음에 새기는 표현이기도 하다. 위의 시는 모성애에 대한 낯설게 하기의 또 다른 언술의 묘미이기도 하다.

절경을 빗질하여
맑은 물 능선 엮어

과거에 쌓인 속내
녹여준 온탕 열기

여독旅毒이
구름같이 풀려
하늘같은 맑은 몸

– 「온천」, 전문

시 「온천」의 일차적 의미는 사방이 절경인 온천에서 온천으로 여독을 푼 시인의 경험이 시화된 내용이다. 사실 온천욕이란 몸 씻기이면서 하나의 의식에 가깝다. 그래서 옛 제의에서는 목욕재계沐浴齋戒한다는 말을 한다. 온천욕은 몸을 깨끗이 한다는 의미만은 아니다. 몸과 마음을 정결히 한다는 의미다. 그게 목욕의 이차적 의미다. 종장을 보면 "여독旅毒이/ 구름같이 풀려/ 하늘같은 맑은 몸" '여독이 풀려' '하늘 같이 맑은 몸'은 함축적이다. 온천욕으로 여독이 풀리는 건 상식이다. 다음의 '하늘 같이 맑은 몸이' 이 시의 테마를 함축하는 말이다.

우리 민족의 '하늘 지향의식' 그건 곧 최고의 선, 최고의 가치 지향이기도 하다. '하늘같은 맑은 몸'은 하늘 지향의식에서 온 표현으로, 정결한 몸은 물론 가장 경건한 상태가 된 심적 차원을 말하는 것이다. 하늘 지향 의식이 온천으로, 온천이 하늘 지향으로 승화된다.

썰물에 두어 시간
지는 해 잡아놓고

저 갯벌 사랑 찾아
나비 별 캐어 담네

울 엄니

한 평생 세월
밥상 위에 된장국 — 「해남 바지락」, 전문

해남 땅끝 거기도 갯벌이 있는 모양이다. 땅끝 바다 갯벌의 바지락이나 꼬막 등의 맛이 오죽하랴. 그것도 어머니가 잡아 정성스레 된장에 넣어 끓였을 맛이라니, 최상의 맛이었을 것이다. '썰물에 두어 시간/ 지는 해 잡아놓고' '지는 해를 잡아두다'니 시인이 아니라면 그런 직관적 감성적 인상의 언술은 불가능할 것이다. 그리고 "나비 별 캐어 담네"에서 나비, 별은 갯벌에 서식하는 꼬막이며 바지락 쭈꾸미 등 갯벌에서 수확하는 것들의 시적 표현일 것이다.

시의 가치 요소 중 가장 중요한 것 하나는 정서적 체험이다. 시의 중심이 바로 감정의 표현에 있고 시를 읽는 중요한 이유 중의 하나가 정서 체험에 있다. 그리고 정서의 체험은 그 자체로 하나의 큰 즐거움이 된다. 시가 드러내는 그러한 정서 역시 우리가 지닌 다양한 감정만큼 여러 갈래다. 분노, 기쁨, 슬픔, 희망, 절망, 허무, 절실한 열망, 후회, 기대 등.

예지 심애경 시인의 위의 시 「해남 바지락」은 형상적 언어의 묘미뿐만 아니라 해남 바지락 된장의 맛을 전하는 정서적 맛도 예사가 아니다. 해남의 갯벌과 바지락을 캐는 어머니의 모습과 바지락을 넣어 끓인 된장 맛과 더불어 해남 땅끝 갯벌의 멋진 풍경화가 된다. 갯벌이 있는 갯가 마을이라면 흔한 체험이다. 그런 사소한 일상의 체험을 멋지게 서정화한 그런 시적 정서에 호감이 가는 시다.

위에서 예지 심애경 시집 『魂이 담긴 시조의 향기』에 실린 열 편의 시를 살펴보았다.

공통적으로 두드러진 미적 특징들을 마지막으로 살피고 마무리할까 한다.

먼저 그의 시집의 시어들이 직관과 감성적 인식을 바탕으로 한 감각적 형상어라는 사실이다.

시에서 가장 중요하고 가장 어려운 부분은 사람들이 이야기 하고 싶어 하는 아름다움을 묘사하는 이미지들을 찾아내는 데 있다. 다시 말하면 사고에 감각적 일관성을 줄 수 있는 고유한 표현을 마음대로 구사하는 데 있다.(아베 뒤 보스) 그처럼 예지 심애경 시인은 그런 감각적 형상어 구사에 매우 놀라운 재능을 보이고 있다. 그런 점들이 그의 시를 더욱 돋보이게 한다.

다음으로는 예지 심애경의 시는 사소한 일상적 체험을 시적으로 형상화 하고 있다는 점이다.

시는 그렇게 거창한 것이 아니다. 우리가 흔히 겪고 체험하게 되는 일상의 경험들을 직관과 감성적 인식으로 정서화해 시인의 감정과 생각을 느끼게 하는 구조적 언술체계이다. 하지만 그런 사소한 체험의 서정화는 쉬운 일이 아니다. 끈임 없는 수련에 의해서만 그런 능력이 발휘된다. 그런 점에서도 예지 심애경 시인의 시는 매우 주목할 만하다.

또한 예지 심애경의 시는 시조적 측면에서 볼 때 우리의 전통적 시조 미학을 계승하면서도 현대적 미감과 함께 심미적 사유와 어조가 긴밀하게 어울려 현대적 시조의 맛과 멋을 더하고 있다. 그의 작품들은 삶의 깊은 저류에서 배어나오는 목소리를 담은 섬세하면서도 정갈하고 투명한 서정으로, 단형미학의 가치를 발휘해 보여주는 시다.

마지막으로 예지 심애경 시인의 시집 『魂을 담은 시조 향기』 상재를 축하하며 해설을 마친다.

예지 시조집

魂을 담은 시조 향기

인쇄일: 2018년 6월 10일
발행일: 2018년 6월 20일

지은이: 심애경
펴낸이: 최경식
펴낸곳: 도서출판 청옥문학사
인쇄처: 세종문화사

등록번호 제10-11-05호
E-mail: sik620@hanmail.net
전화: 051-517-6068

값 12,000원

ISBN 978-89-97805-71-6 03810

이 도서의 국립중앙도서관 출판예정도서목록(cip)은 서지정보유통지원시스템 홈페이지(http://seoji.nl.go.kr)와 국가자료공동목록시스템(http://www.nl.go.kr/kolisnet)에서 이용하실 수 있습니다.(cip2018017990)